A voz do lago

ANTÓN RIVEIRO COELLO

Avenida de Madrid, 44 baixo - 36204 Vigo
www.editorialgalaxia.com

Colección ao coidado de
Xosé A. Neira Cruz

Deseño gráfico **Fausto Isorna**

ISBN **978-84-8288-712-8**
Depósito legal **VG-353-2007**

Imprime **A. G. Diumaró**

A voz do lago

ANTÓN RIVEIRO COELLO

Ilustracións **Rodrigo Chao**

árbore / galaxia

A chegada das sereas

Debía de andar eu polos dez anos cando chegou aquel carro ateigado de mobles vellos, trebellos e mais unha familia que ía vivir na casa que estaba apegada á nosa. O que máis me chamou a atención non foi a disposición daquela familia que viña no carro coma se viñese habitando unha casa sen paredes; foi a fermosura daquela moza que cruzou comigo a súa ollada e me ofreceu o seu sorriso dende un primeiro momento.

—Eu son María e ti, como te chamas?

—Irene —contestei sen saber aínda que ela, que xa acadara a maioría de idade, ía ser amiga miña e con ela aprendería a coser versos, apañar bolboretas no vento e compartir o segredo dunha insólita aventura que marcaría para sempre a miña infancia e a miña vida.

Con todo, e malia a súa franqueza e a súa voz suave, había algo misterioso nela, algo estraño que me desacougou e que me fixo recear un pouco da súa cordialidade. Xa ese primeiro día, mentres os demais membros da familia descargaban todas aquelas posesións e se instalaban na súa nova casa cunha ledicia de estrea, mireina ben e sospeitei que ela non pertencía a ese mundo de miserias. Algo nela, aínda non sabía ben o que, facíaa diferente a todos os demais habitantes da aldea, incluso diferente aos seus pais e irmáns. Non semellaba ter nacido nesa familia —unha familia, por certo, decente, que axiña faría bo caldo coa miña e co resto da veciñanza—, sobre todo, porque na súa fermosura había un aire nobre e elegante que a distinguía e a facía relevante. E non era só unha impresión miña; os meus pais tamén se decataron diso:

—Esa moza ten un aquel de señorita.

—Con certeza, vai facer tolear os mozos da bisbarra.

En efecto, María non tardou en nos conquistar a todos coa súa simpatía. A súa presenza foi toda unha revolución na monotonía daquel final do verán de 1927, cando ela mesma se converteu na porta das miñas fantasías e foi a chave para entrar naquela fortaleza asentada fronte ao mar, na desembocadura do río Coroño, onde acontecería todo aquela noite de néboa.

A razón de abandonaren a vila de Noia, na outra banda da serra, para se instalaren nunha aldea tan cativa coma a nosa, tiña que ver co azar das herdanzas, xa que os donos do pazo non tiñan ningunha descendencia e deixában-

llelo todo ao mordomo e mais a súa muller, que era irmá da nai de María e, polo tanto, tía súa. Moito se falaba diso naquelas datas.

—Sonche xente de lei os amos. Mira ti que deixarlles o pazo. O Vicente e mais a Consuelo pódense dar cun canto nos dentes. Velaí vai, coma quen non quere a cousa, os máis ricos da bisbarra. Róncalle o nabizo!

A pesar da futura herdanza da tía, María e os seus, que eran de orixe humilde, procuraron traballo axiña. O seu pai montou unha zapatería no baixo da casa, os irmáns quedaron traballando en Noia, e a súa nai, María e mais a irmá, deron en coser coa miña nai. Así, todas as tardes, cando eu volvía da escola, sentaba nun tallo daquel cuarto e buscaba a compaña de María, que me axudaba cos deberes mentres cosía e inventaba fermosas poesías coas que amenizaba a tarde.

Outras veces, como ela acudía con frecuencia ao pazo que a súa tía ía herdar e apañaba na biblioteca libros de vello que devoraba axiña, contábanos engaiolantes historias engordadas pola súa imaxinación e a min enchíaseme a cabeza de fantasía nas tardes de lecer fronte á fiestra.

Moito antes de que me convidase a traspasar o enreixado da fortaleza e eu puidese acceder a algúns dos segredos do seu interior, na escola de don Marcelino soubemos da importancia deste pazo. O mestre aseguraba que nel se libraran grandes batallas no pasado, na época dos irmandiños.

Don Marcelino, cunha especie de orgullo local, prodigábase en datos e facía un extenso relatorio de liñaxes e apelidos que prestixiaran aquela impoñente fortaleza, berce das máis importantes familias de Galiza. Esta torre estaba escoltada por un inmenso bosque de piñeiros e árbores exóticas que caían cara a un pequeno peirao no que xa non amarraban os barcos porque o amo ía vello e porque o caseiro se negaba a pescar no Pozo Negro des que soubera da última das traxedias acontecidas aos Mariño.

—Os Mariño? —preguntei.

—Si.

Nesta altura sentín un pequeno calafrío porque viña de me decatar de que María, precisamente, se apelidaba Mariño e iso engadía á miña fantasía un interese que ía máis alá da casualidade.

—Cales eran as traxedias? —teimei diante do mestre, que sempre protestaba pola miña curiosidade.

—Irene, non sei se volo debo contar. Sodes moi novos e podedes coller medo desas lendas misteriosas que rodean tanto á familia dos Mariño como ao Pozo Negro.

—Don Marcelino, eu xa non lle teño medo. Veña.

Como na clase había algúns rapaces que tiñan os doce anos, a queixa fíxose unánime e puido coa negativa do mestre que, despois de acariñar o seu bigote aguzado, sentou na mesa e deu en falar.

—A verdade é que debería comezar polo principio e remontarme á fantástica historia dos Mariño, que di que un conde casou cunha serea e dela tivo descendentes que habitaron o pazo.

—Unha serea? —preguntei.

—Si, unha serea, mais iso son lendas que se contan.

Don Marcelino ergueuse, de súpeto, e colocou os lentes para ler nun libro amarelo que colleu dos estantes.

—As sereas enfeitizan os mortais que se lle achegan. Pero ben tolo é o que se detén para escoitar os seus cantos! Nunca volverá ver á súa muller nin aos seus fillos, xa que coas súas voces de lirio as sereas o encantan, mentres a ribeira veciña está chea de osamentas abrancazadas e de restos humanos de carnes corrompidas.

O mestre ergueu os ollos do libro e, cunha voz orgullosa, díxonos que este texto que nos viña de ler fora escrito había máis de dous mil anos atrás e nel nacía, con certeza, a orixe da máis antiga das lendas que afirma que as sereas usan a súa voz máxica para atraeren os mariños, que acoden a elas en barcos que encallan nas rocas e os deixan no mar embravecido para morreren afogados. O autor, un tal Homero, vírao así nese libro que se titulaba *A Odisea*.

—Ulises, que era o protagonista do libro, salvou o feitizo das sereas e venceu a tentación amarrándose ao mastro do barco. As primeiras sereas tiñan corpo e cabeza de muller e o resto de ave. Pero como eran seres máxicos que habitaban o mar acaíalles mellor un rabo que as ás e convertéronse en mulleres peixe, que gardaban as profundidades. Seica adoitaban ter longos cabelos e unha fermosura de máis.

—Don Marcelino, vostede cre nesas cousas? —preguntou Daniel, cunha voz ansiosa.

—Xa vos dixen que son lendas e non tedes por que lles facer caso. Os escritores sempre gustaron delas e hai moitos contos de sereas malignas e vingativas, pero tamén hai historias de sereas namoradas de humanos que abandonaban o mar para vivir xunta eles nas beiras das praias. Seica cando unha serea namoraba dun humano perdía o seu rabo de peixe e mais toda a súa maxia. Algo así debeu de lle acontecer á primeira serea que habitou este pazo e emparentou cos Mariño.

—Conto ou non, vostede falaba de traxedias e coido que o que nos leva contado non é ningunha traxedia —díxenlle.

—Xa, Irene. É que aínda non cheguei a esa parte. O que non semella conto é que no Lago do Mar, que está apegado ao pazo, malia ter as augas tranquilas e non moita fondura, en case todos os séculos tense producido algunha morte misteriosa. Houbo un tempo no que os criados do pazo non lles deixaban pescar alí aos outros veciños e houbo preitos xudiciais e mesmo algunha morte violenta por ver quen podía ou non levar o marisco dese lugar. Pero si é certo que os afogados foron moitos e sempre por unha cuestión estraña. O último foi no século pasado e o meu avó contábamo porque coñecera o morto, que, curiosamente, se chamaba Mariño de Abanqueiro.

—Non era da familia?

—Non, ho! O que pasa é que na nosa bisbarra abunda ese apelido e non sempre está relacionado coa familia do pazo. O curioso é que os mortos dos últimos séculos se apelidaban así.

Por un momento pensei en María. O seu apelido era unha ameaza para ela e deume por imaxinar que algún día remataría por se afundir nas augas do Pozo Negro, onde adoitaban bañarse os maiores porque alí se podía nadar mellor que na praia de Barraña.

—O meu avó contoume que este Mariño de Abanqueiro traballaba na cría de ostra.

—Ostra? —preguntei.

—Si, aínda que vos pareza estraño, esta vila era coñecida en todo o país polas ostras exquisitas. Todos os anos os reis encargaban caixas enteiras para as súas festas de Coresma e dispensaban os mozos da Armada.

—Que é iso de dispensar? —preguntou o meu amigo Mario de Rosumil, que tamén semellaba interesado na historia e non quería perder detalle.

—Significa que non tiñan que ir ao exército, como si facían os demais mozos de España e como teredes que facer vós cando sexades maiores.

—Don Marcelino, eu nunca serei maior —berrou Daniel e todos rimos del, como reprochándolle que iso era imposible.

—A idade cúrase co tempo, perde coidado —dixo o mestre—. Pois ben, este Mariño de Abanqueiro, que seica era ben parecido, andaba un día a se bañar preto do pazo e sentiu que unha moza lle falaba dende o pequeno peirao da fortaleza. Achegouse con grandes brazadas e viu que era a filla máis fermosa dos amos. Tanto o un coma o outro quedaron engaiolados e namoraron axiña. Polas tardes xuntábanse alí, agachados baixo un piñeiro, e ían consolidando o seu amor até que un día os sorprendeu un dos criados que, axiña, foi dar conta ao señor dos enredos da súa filla. E aí naceu a traxedia. O amo, que era un home ruín e tiña en mentes casar a súa filla con xente da nobreza, escoitou aquela noticia coma se o levase o demo e foi na procura da súa filla. Cando chegou ao peirao, Mariño de Abanqueiro xa marchara, e colleuna violentamente dun brazo e mesmo lle bateu avisándoa de que endexamais volvería ver aquel morto de fame, que, para el, debía de ser un dos que andaba a roubar a froita.

Eu estaba tan sumida na historia que nos contaba o mestre que levei un susto do demo cando, tras petar na porta, apareceu o pai de Daniel;

traía a cara de pau e mais unha mazá reineta na man. Por un intre pensei que era o tal Mariño de Abanqueiro que devolvía a froita que lle roubara ao dono do pazo. En realidade, só quería levar o seu fillo porque viña de lle morrer a sogra. O pobre Daniel, aínda que lle tiña querenza á súa avoa materna, marchou de mala gana porque quería saber como continuaba o conto. Con todo, eu mesma fun quen de lle contar coas miñas palabras toda a historia ao día seguinte, xusto na celebración do funeral.

—Un domingo de agosto os amigos de Mariño de Abanqueiro viron como el cruzaba o Pozo Negro cara ás beiras do pazo. Era un bo nadador e tíñalle tanto amor á moza que non podía renunciar a ela. Esa mañá foi a última vez que o viron. Non volveu xamais.

—Que lle pasou? —preguntou Daniel. Estabamos sentados nun banco de madeira, mesmo a carón do confesionario. María, que estaba no banco de diante, virou cara a nós para que calásemos e cruzou os labios pintados co dedo índice. Fíxenlle caso á miña amiga trobadora e acheguei a miña voz até o orella dereita de Daniel, que agora estaba máis preocupado polo desenlace da historia que polas pregarias dedicadas á alma da súa avoa.

—Seica morreu afogado no Pozo Negro e o corpo xa nunca apareceu.

—Non!

—Si. E o peor é que a súa desaparición non veu soa, porque un día de marea alta a filla dos amos botouse ás augas diante de varios criados, que tamén fixeron o mesmo para a salvaren. Mais ela tamén desapareceu e o seu corpo non se puido recuperar nin tan sequera cando se retiraron as mareas. Don Marcelino di que os dous se querían tanto que mudaron en peixes para seguir amándose nas profundidades do Pozo Negro. E non fixo falla que os amos prohibisen a pesca no Lago do Mar porque eran as propias xentes as que tiñan medo de que calquera dos dous namorados caese no engado das súas canas.

—É unha historia incrible! —dixo Daniel, mentres nos erguiamos todos para novas pregarias pola defunta. A impaciencia do meu amigo ía en aumento e eu gozaba demorando a narración e recuperando as palabras exactas de don Marcelino. Por un intre pareceume que toda a igrexa estaba ao tanto do conto que eu rosmaba na orella de Daniel.

—O certo é que o avó de don Marcelino tamén falaba de que eran moitos os que aseguraban que o morto aparecera diante do peirao da torre cun forte golpe na cabeza e que, para que a xente non rosmase, o enterraran por baixo do lousado dos calabozos da torre.

Tiven que parar de falar porque as campás deron en repenicar decontino e a xente comezou a saír detrás do cadaleito. Daniel pechou os ollos, quizais porque se decatou de que a súa avoa marchaba para sempre, e cando os volveu abrir tíñaos cheos de bágoas. No adro achegóuseme María para me reprochar o meu latricar na igrexa e eu díxenlle que coas miñas palabras estaba a consolar a Daniel. Pareceu comprenderme e regaloume un sorriso. Varios homes meteron a caixa no nicho mentres os laios dalgunhas mulleres subían até se confundiren co cobre das campás. De volta á casa, Daniel apegóuseme coma unha sombra e fíxome unha última pregunta:

—Ti cres que o matou o amo?

—Puido ser, xa que non podía evitar que a súa filla amase a aquel Mariño de Abanqueiro.

Cando abandonamos o cemiterio, Daniel e mais eu pasamos por diante do pazo e quedamos no portón, cos rostros metidos entre as reixas, debuxando coa imaxinación fermosas sereas que confirmaban algúns dos feitos que eu viña de lle narrar facendo uso das palabras do mestre, que non sei se estaban apegadas á realidade ou á súa propia fantasía. De calquera xeito, eran historias que a nosa ilusión quería dar por certas.

O segredo da costureira

As tardes con María sempre foron frutíferas. Con ela aprendín moitas cousas que non sabía. Mamá dicía dela que era unha moza solitaria, e é verdade que tiña poucos amigos e adoitaba pasear soa, pero ela facíao porque gozaba da natureza e porque gustaba de inventar poesías neses intres de soidade. Mamá, que estaba agradecida pola axuda que me emprestaba, non entendía as extravagancias desta moza fermosa que rexeitaba os mellores mozos e só amosaba interese polos libros e polas conversas estrañas. Non sei, se cadra mamá tiña algo de celos pola miña devoción por María e, aínda que non me falaba mal dela, tampouco a gababa moito. E o caso é que cosía ben, e non me refiro só aos versos. Nas tardes á par da fiestra María facía fermosos vestidos que despois ela mesma lucía os domingos e chamaban a atención pola súa elegancia. Mentres cosiamos, a nai de María adoitaba dicirlle á miña nai que a súa filla ía quedar para vestir santos de tan escollida que era. E María sorría porque a ela non lle parecía importar moito iso de non casar.

Unha tarde que quedamos a soas María e mais eu, deume por lle contar todas as historias do pazo que soubera por don Marcelino e notei como ela, de súpeto, deixaba de coser e miraba de cambiar de tema. Foi no intre de pulsar as lendas do seu apelido cando me pareceu ver que as súas mans viraban inquietas e a ollada se lle enchía dun estraño brillo. Estaba claro que algo a amolaba, semellaba coma se eu tocase algunha evidencia ou viñese de facer unha terrible descuberta.

Sen saber moi ben por que, continuei coa miña narración durante un chisco até que ela, que nun principio semellaba non poñer atención ás miñas palabras, demostrou saber máis do pazo que o propio mestre, e, sen desmentir as lendas, engadiu toda unha restra de novas dos Mariños, sobre todo, das sereas.

—É certo que hai moito tempo houbo un amo que casou cunha serea. Con ela tivo un fillo, pero non coinciden todas as lendas. Curiosamente, levo uns días preocupada por unha descuberta que fixen na biblioteca do pazo. Aínda que non sei se debería contarche isto.

María estaba realmente seria. Nunca a vira así.

—Gustaríame sabelo.

—Tes que me xurar que non llo contarás a ninguén.

—Xúroo. Que morra.

A miña curiosidade tirou do seu rostro un pequeno sorriso, que eu xa botaba de menos, porque María levaba un chisco seria de máis, e eu xa estaba asustada.

—A verdade é que non sei se me arrepentirei axiña de che contar isto. Xa temo bastante pola miña vida e non me gustaría temer tamén pola túa. Non sei...

María ergueuse, de súpeto, puxo a caixa da costura enriba da mesa e achegouse á fiestra. Alí cos ollos case chorosos mirou cara ao mar coma querendo atrapar un pensamento. Eu erguinme tamén e púxenme a carón dela, observando o ceo azul e teimando coa miña curiosidade.

—Veña. Conta. Por que habías temer pola miña vida?

—Irene, no pazo hai algo misterioso que turra de min e non sei o que é.

Aínda que estabamos as dúas soas, María converteu a súa voz case nun murmurio, coma se temese que algunha sombra nos puidese escoitar.

—Xa o primeiro día que entrei na biblioteca sentín na atmosfera unha especie de presenza invisible que me espreitaba. Si, foi algo así, coma se alguén estivese a respirar na miña caluga. O peor foi esta semana. Aconteceu algo incrible cando collín un libro dos estantes; é un libro antigo, de coiro, escrito á man, con fermosos debuxos. Debe de ser o máis antigo da biblioteca. Está datado no ano 1494, e é unha especie de diario dun mariño chamado Xohán do Lago, que estivo con Colón na descuberta do Novo Mundo.

—Con Cristovo Colón?

—Si. Pero iso non é o máis interesante. O caso é que cando abro o libro e dou en ler, escóitanse terribles berros de muller.

—Dentro do libro? —preguntei asustada.

—Non, nalgures. Non sei onde. Son berros arrepiantes que apenas me deixan ler. Se pecho o libro, as queixas calan, mais cando o volvo abrir, esa muller adoece e berra entolecidamente. Estou certa de que a miña lectura a manca e por iso non podo avanzar na historia. Dáme mágoa ferila.

A historia semellaba incriblemente fantástica e eu esculcaba os ollos de María na procura dalgún brillo mentireiro. Por un momento quería pensar que estaba a fantasiar comigo e que todo era unha broma macabra para me poñer medo. Mais a miña amiga semellaba falar en serio.

—E non deches con ela? —preguntei co corazón encollido.

—Non. Cando pecho o libro, rexistro angustiada todos os cuartos e percorro os arredores do pazo, e nada, non hai rastro de ninguén, agás dos meus tíos e dos amos.

A confidencia de María provocou en min un desacougo delicioso. Eu estaba morta de medo, si, pero tamén había un engado nesa sensación insoportable que arrastraba a miña curiosidade:

—Cres que esas voces teñen relación co libro?

—Coido que si, aínda que non sei en que medida porque, por mor dos berros, non puiden avanzar moito. É un libro moi fantasioso que, curiosamente, non lle dedica moitas páxinas ao máis grande descubridor de todos os tempos. De Colón só refire algunhas lembranzas da viaxe e da súa estadía na Illa das Mulleres, que é onde pasou unha alucinante aventura e a coñeceu a ela.

—A quen?

—A unha estraña muller coa que casaría.

—Unha serea? —preguntei e María mirou de súpeto para min, quizais abraiada pola miña adulta intuición.

—Si. Coñeceuna nesa illa que está en metade do océano Índico e na que só habitan mulleres, amazonas do mar que namoran os homes para matalos. Seica as mulleres son preñadas polo vento, e só paren femias coma elas, e hai quen di que quedan encinta ao comeren certa froita dunha árbore que só medra na illa. Din tamén que os seus berros son tan adoecidos que te deixan xordo axiña. Algúns mariñeiros da expedición morreron namorados ou quedaron xordos, pero o tal Xohán do Lago, aconsellado polo capitán, puxo miga de pan nos ouvidos e aturou os aturuxos daquela fermosa presenza. E subiuna

ao navío e desembarcou con ela en Baiona, onde se despediu da tripulación. Con ela deitada nun carro e tapada con varios tabardos, chegou a Boiro no medio dunha treboada, e arranxou todo axiña para mercar o pazo de Goiáns, que estaba abandonado. Quedei aí, na páxina que dá conta da chegada ao pazo.

—E non describe a serea? Tiña rabo de peixe?

—Si, aínda que non creo niso das pernas apegadas e escamudas. Nin tan sequera na fermosura do rostro.

A voz grave e seria de María puxo en todo isto un punto máis alto de misterio. Metinme tan de cheo nas fonduras da historia que a miña imaxinación se desatou axiña e non sei por que dei en pensar que María non me estaba a contar toda a verdade. Por iso decidín teimar e poñela a proba.

—E non lle dixeches nada disto ao amo?

—Non. Está enfermo e tampouco sei se me crería.

María semellaba falar con franqueza. A súa voz era decidida e non mentía. Eu ofrecinlle a miña colaboración.

—Eu poderíate axudar.

—Como?

—Lévame contigo ao pazo. Mentres unha le, a outra pode buscar de onde veñen os berros.

María acariñoume o rostro con certa conmiseración e, despois de asomar un riso amargo e triste, díxome:

—Es moi nova e coido que xa che contei demasiado para a túa idade. Nunca me perdoaría que che pasase algo.

—María, non teño os teus anos, pero son máis valente do que podes imaxinar. A min esta historia, aínda que fose certa, que non creo, non me pon medo —mentín—. E gustaríame ir ao pazo. Veña, por que non me levas?

—Non sei, debería falar coa túa nai. Non quero ter ningunha responsabilidade.

—Confía en min, anda. Son unha nena forte que sabe gardar os segredos.

—De acordo. Falarei coa túa nai e pasamos alí a fin de semana.

—Grazas.

A visita ao pazo

Eu sempre quixera entrar no pazo. Aquel edificio de pedra abrazado por árbores exóticas que rivalizaban en altura coa torre, tiña unha voluminosa elegancia que nos engaiolaba aos rapaces e nos facía construír marabillosas historias que deixaban nos nosos maxíns o peso das lendas. Ao máis que chegaramos era a asomar o rostro nas reixas e quedar a ollar, apampados, para aquela mansión na que debía de haber tesouros e pantasmas. Algúns dos nosos pais estiveran de mozos dentro da propiedade. O meu pai díxome nunha ocasión:

—Non te podes imaxinar o fermoso que é. Contratábannos para axotarmos os paxaros que lles comían a froita. Alí dentro habíache toda clase de árbores e de paxaros, algúns de cores rechamantes e faladores, como un papagaio que repenicaba o latín coa mesma voz do abade de Lampón.

Aínda que sospeito que o meu pai esaxeraba non coa abundancia de árbores senón co latín do paxaro e mesmo o do señor abade, todo o referente ao pazo engadía á miña imaxinación un desexo cada vez maior de franquear aquel portón de ferro e fartar a miña curiosidade. Por iso, sen me importaren os riscos e o medo a aquela voz que seica xurdía cada vez que se abría o libro maldito, aceptei o convite de María coma o mellor agasallo que me podían facer daquela. Quería saber tamén a historia completa daquel mariño que estivera conquistando novos mundos canda Cristovo Colón.

Mamá preparoume dúas mudas. Iamos o sábado e durmiriamos alí. O de durmir era o que máis me excitaba, non só pola presenza misteriosa daquela voz senón porque iso provocaba en min un sentimento de propietaria.

A mamá non lle facía moita graza os anos que María me sacaba, pero tíñalle lei e confiaba nela porque sempre me estaba a axudar nos estudos e xa dera mostras dabondo de me querer.

O sábado pola mañá o meu estómago era toda unha saca de nervios. Non deixei de bulir dun lado a outro e, con moita mágoa para o meu orgullo, gardei o segredo e non lles dixen aos meus amigos que eu, Irene Redondo, ía traspasar os límites da imaxinación cruzando aquelas reixas. Con certeza, morrerían de envexa, pero eu prometéralle a María ese silencio e agardei a que me viñese buscar pola tarde.

Xuntas fomos polo Camiño Real. María levaba un vestido de flores amarelas feito por ela mesma e ía tecendo comigo unha conversa de versos. Facíaos rimar cunha facilidade admirable.

—Son teus?

—Son de quen os atrapa. Os versos son bolboretas que están no vento e na paisaxe. E só precisan da rede da túa imaxinación. Por que non o intentas?

—Non sei, eu...

A verdade é que a miña alegría era tan feroz, estaba tan coroada pola aventura que me agardaba, que pechei os ollos na procura das palabras, e non sei se por inspiración ou por esa sensación de contento, o caso é que xurdiron as bolboretas dun xeito case inconsciente e por un intre sentinme dona da maxia da creación.

—Polo camiño vello que leva ao pazo, van dúas finas mozas collidas do brazo...

—Moi ben, Irene. Ves que doado.

E así, coma dúas costureiras fiando no aire, subimos a costa á par dos altos muros da propiedade até chegarmos á porta principal que era o límite a onde eu daba sempre nas miñas aproximacións a esta enorme mansión.

María empurrou o portón e convidoume a pasar. Unha vez dentro, os meus pés indecisos pisaron a herba mol coma se estivesen a profanar un terreo sagrado. Un vento fresco bateu no meu rostro coma un aloumiño e fíxome cavilar na idea de que viña de entrar noutro mundo. A esta impresión axudaba a voz multiplicada de paxaros e habitantes misteriosos deste bosque que rodeaba o pazo.

—Isto é unha tuia. É a árbore da vida.

Coma enormes coitelos verdes erguíanse varias destas árbores. María, consciente do meu abraio, ía nomeando todas as clases de árbores e plantas que semellaban espreitar o noso avance. Varias edificacións foran apegándose á torre e formaban unha especie de ele de pedra. Case ao principio estaban as cortes e por tras delas un pozo e un pombal ateigado de pombas. Máis adiante estaba unha capela coroada por unha cruz de ferro e unha campá. Por riba da porta había un escudo no que se distinguían con claridade dúas sereas apoiadas nunha torre. Esta visión produciume un pequeno arrepío e lembroume moitas das lendas que amoreara no meu maxín estes últimos días.

—Entra.

A verdade é que a capela era ben pequena, mais tiña tres altares de pedra vixiados por cadanseu santo. Do teito penduraba unha longa lámpada de velas. María subiu ao coro de madeira e deu en ler en latín nun misal que había enriba dun atril. No centro, fronte a unha cativa pía bautismal, varios cirios alumeaban unha virxe vestida de vermello e con capa dourada. Tiña os ollos tan vivos que semellaban mirarme cunha forza sobrehumana.

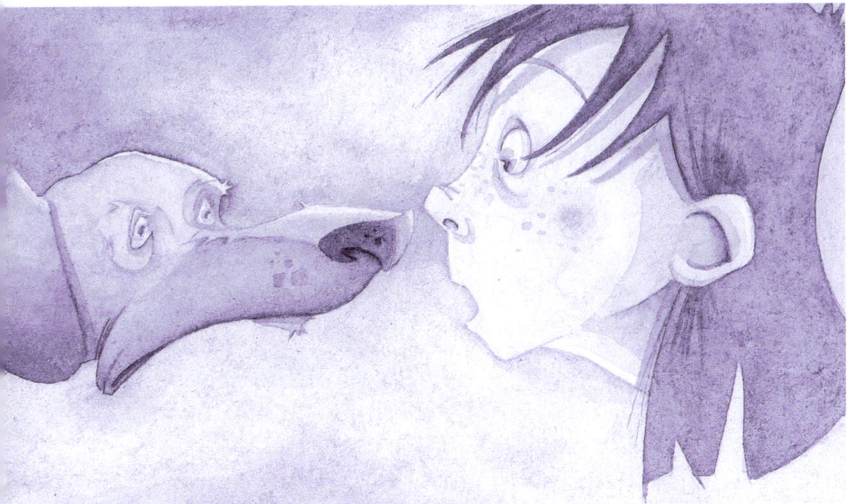

De súpeto, mentres escoitaba a entoación clásica e postiza de María, sentín uns pasos silenciosos e unha respiración apurada por tras de min e houben de tolear cando vin aquel can tan enorme que me ladrou con tal contundencia que fixo estarrecer o meu corpo todo.

—É *Corme*. Podes acariñalo.

—Moito gusto, *Corme* —con certo tremor estendín a man sobre o seu pelo suave e o can miroume cunha curiosa tenrura. A min chamoume a atención o feito de que o can tivese un nome. En Escarabote os cans sempre eran de alguén, pero nunca tiñan nome propio.

Saímos ao patio de novo. Había dous cabalos pacendo e varias pitas petiscando entre a herba. María colleume da man.

—Ven. Imos subir á torre antes de que morra o sol.

Pasamos por baixo dun arco de pedra, preto das cortes onde orneaba un burro entre varios aparellos de labranza e entramos por unha porta que conducía ao interior da torre. Alí nacían unhas escaleiras de pedra. Dentro ía frío e a pouca luz que entraba polas fiestras arqueadas non era dabondo para ver onde eu puña os pés. Os meus ollos tardaron tempo en se afaceren á escuridade. Por mor das estreituras, María mandoume ir diante e subín os banzos amodo, por medo a tropezar ou bater con algo.

—Sabías que abaixo estaban os calabozos? Se cadra estea enterrado ese Mariño de Abanqueiro que namorara da filla dos amos. Non cres?

Non. Non sei o que cría porque neste intre non me interesaba alá moito ese misterio. Eu agora estaba concentrada no silencio frío e no lugar exacto onde ía pisando. Mesmo temía que algo ou alguén puidese aparecer de súpeto para me facer saltar o corazón do peito. Por un momento pensei en sereas esvarando polos banzos ou en estrañas nenas chorando cunha luz branca nos ollos.

Por fin chegamos ao alto da torre e puidemos ver o sol morrer por tras do monte Meda. A ollada era impresionante: o Lago do Mar, as dunas, a praia de Barraña e as casas pequenas arrimadas ao mar.

—Aquí si que hai fartura de bolboretas para coser versos no vento! —exclamei coas propias palabras de María, que riu non sei se de min ou do arremedo da miña ocorrencia. Ela tamén estaba contenta e ollaba para o horizonte aspirando con cobiza a limpeza do aire. A verdade é que María era ben fermosa e soñei con me parecer a ela de maior.

—Nese lago foi onde aconteceu todo.

De súpeto, arrimada á varanda da torre, sentín a vertixe das alturas cando vin a un home cun maletín e un sombreiro saír do pazo. Víase pequeniño dende esta atalaia.

—É o médico que veu visitar o amo.

—E logo que ten?

—Ten unha enfermidade grave na boca e está moi mal. Non te asustes cando o vexas. A doenza torceulle o rostro e a boca está chea de pústulas. É unha boa persoa.

E tan boa, pensei eu, xa que lles deixaba o pazo en herdanza aos tíos de María que, despois de todo, non eran máis que os seus criados de sempre.

Mirando para o Lago do Mar aceptei a certeza das lendas e fun construíndo na miña imaxinación amores frustrados que remataron no fondo das augas. E mentres miraba, tamén me estrañaba do feito de que María non me falase en todo o camiño da voz misteriosa. Era como se agora non quixese falar do libro maldito e da voz adoecida de muller. Mesmo dei en pensar que ela, tan fantasiosa, me mentira coa súa imaxinación de poeta, engano que, pensándoo ben, tampouco me importaba moito porque así podería gozar do pazo con certo acougo. Non obstante, esa loita entre a curiosidade e o medo, ese non sei que que nos empurra de nenos ao abismo, levábame a preferir tocar o terror que quedar coa dúbida, co misterio sen resolver. E con ese remuíño dentro de min, con esa mestura de medo e pracer, presenciei dende a torre como a noite deixaba caer o seu manto lento sobre nós.

A cea cos Mariño

Baixamos da torre e xa apenas se vía nada. Desta volta María ía diante e eu sentía nas costas un baleiro frío que me inquietaba. A escuridade húmida da torre facíase desagradable a estas horas e pensei que os calabozos eran un lugar perfecto para soterrar o cadáver daquel namorado; alí a ninguén se lle ocorrería andar fisgando.

Cando chegamos á porta, decateime de que a noite xa estaba alí, a carón das nosas bolsas onde gardabamos as mudas.

—Déixaas aí. Escoitaches iso? —preguntoume María mentres puña o dedo índice nos beizos indicando que gardase silencio. Eu rosmei polo baixo:

—O que?

—Un berro.

—Non.

—Ven. Aínda se ve algo. Baixemos ao peirao.

Coma posuída por unha forza allea, María colleume da man e case me arrastra coma se eu fose unha boneca de farrapos. Antes de entrarmos nun carreiro de terra, oculto entre sebes e árbores, puiden ver outra serea de pedra que estaba sentada sobre si mesma; tiña un rostro fermoso, reverdecido pola carriza. A carón dunha figueira vella, había tamén unha longuísima mesa de pedra na que debían de caber polo menos uns corenta comensais.

Como era setembro, o outono xa se anunciaba con moitas follas que alfombraban o chan e ofrecían unha falsa imaxe de abandono. A escuridade era a cada volta maior e, como María non daba chío, dei en sentir pequenos calafríos que eran máis de medo que de frío. Mentres camiñaba pensaba na miña decisión e na promesa de a axudar para a descuberta desa voz misteriosa. Mais agora eu non me vía capaz de percorrer soa este camiño boscoso na procura desa voz desagradable. A verdade é que eu non era tan valente como o meu orgullo pretendía aparentar. Así que non me quedaba outra que apandar coas consecuencias e deixeime levar por María, que apuraba o paso coa esperanza de pillar nun descoido a muller que, segundo ela, berrara. Aínda que a min se me fixo eterno este pequeno paseo, axiña desembocamos nun pequeno peirao de pedra onde resistía, coma unha lembranza, un chisco de luz última que iluminaba as augas, sobre as que nacía unha forte brétema.

—Este é o Lago do Mar —díxome María. Eu xa o sabía, pero a perspectiva de o ver dende aquí, dende o pazo, era moi distinta a velo dende a outra beira das dunas. Se cadra era esta néboa, que erguía da auga xigantescas ovellas suspensas, a que facía que a visión fose tan distinta e mesmo se me figurase outro lugar. Á par das escaleiras que baixaban ao lago arrolábase unha dorna estragada polo desuso; un dos seus remos, animado polo vaivén dun vento suave, golpeaba na auga e semellaba coma se estivese a piques de partir.

—Xuraría que a voz veu de aquí —espetoume María.

Aínda que levaba pouco agardando para que ela me falase do asunto da voz, non era este o momento que máis me interesaba porque eu estaba un pouco asustada pola escuridade e mais por este silencio estremado, e a miña fantasía era moi quen de usar toda esa néboa mesta para debuxar unha muller saíndo das augas e berrando coma unha pantasma tola.

—É a mesma voz de cando les no libro? —preguntei.

—Coido que si. Mais cústame crer nestas cousas. Ti cres que iso é posible? —na súa pregunta había certo cansazo.

—Eu creo en ti, no que me dis.

—Iso está ben, Irene. Volvamos. Estarán a nos agardar para a cea.

Antes de volver, memoricei o camiño e mirei para atrás, coa esperanza e o temor de escoitar calquera voz, ou esa mesma voz que semellaba estar ligada a ese libro vello que agardaba na biblioteca coma unha presenza inquietante. Tamén me deu por matinar que alguén que frecuentaba o pazo podía estar a lle tomar o pelo a María, alguén que vixiaría a súa lectura dende algures para berrar xusto no intre no que ela collía o libro. Non obstante, para facer iso habería que subir case á copa dalgunha árbore para poder espreitar as fiestras do pazo. Era algo improbable, como improbable e absurda era tamén a idea de que podía ser un deses paxaros faladores o que se encargase de imitar a voz misteriosa e confundir a miña amiga poeta.

Axiña chegamos de novo á porta principal pola que se entraba á vivenda do pazo. Alí quedei un chisco impresionada pola violenta arrogancia de dous leóns sedentes de pedra que gardaban a entrada. Por riba do lintel había unha coroa e mais un escudo no que, curiosamente, non había ningunha serea. Si as había dentro. Unha delas vina nada máis abrir a porta, xusto no fondo dunhas escaleiras, sobre un altar de pedra. Era unha serea fermosa que exhibía un escudo que lle cubría todo o corpo menos a cabeza e o anaco final do seu rabo de peixe. Pero a serea que máis me chamou a atención e que me meteu na cabeza outra estraña cavilación, foi a que estaba pintada nunha vidreira. O que me abraiou non foron as cores e

as formas que lucían unha perfección case humana, nin a coroa que se suspendía por riba da súa fermosa cabeza, nin o escudo que sostiña unha torre cun camiño que conducía a un lago. Foron os seus ollos vivos e ese rostro que tanto se inspiraba no de María. E aínda que era pouca a luz que viña da lámpada, o parecido entre as dúas era asombroso. Non dixen nada e seguín camiñando, un pouco desorientada pola visión. Esa vidreira debía de ter centos de anos e, malia todo, a serea debuxada era cuspidiña á miña amiga María. Fixeime tamén nunhas letras en latín a ambos os dous lados da coroa: *Veritas vincit*.

Dentro do pazo as emocións eran todas fortes. Mentres camiñaba polos corredores nos que se estendía unha longuísima alfombra vermella, eu non perdía detalle e reparaba nas armas e nos cadros pendurados das paredes, nas armaduras metálicas que deberon de ser usadas en tempos pasados e que agora semellaban vixiarnos en silencio.

—Este é o salón.

—Que grande!

Era enorme. Dúas mesas, varios sofás, cadeiras forradas, dúas chemineas, fermosos tapices con orlas douradas e mobles, moitos mobles de madeiras escuras repartidos por este salón que debía de ser tres ou catro veces máis grande que a nosa casa enteira.

De súpeto, se cadra alarmada polas nosas voces, apareceu a futura dona do pazo, a señora Consuelo, a tía de María. Era unha muller que se conservaba ben e tiña un rostro agradable. Debía de andar cerca dos corenta anos. Eu xa a vira algún domingo na igrexa canda a ama.

—Como tardastes tanto?

—Estivemos na torre e baixamos ao peirao —escusouse María.

—Así que esta é a nosa convidada?

—Si, señora —respondín, un pouco engruñada pola timidez e achegueime para lle dar un bico. A señora Consuelo tiña a cara branca e fría coma o carambelo. Dáballe un aire a María. Despois de todo eran do mesmo sangue.

—Non lle fagas caso a esta moza —referíase a María—. Estache un pouquiño tola de tanto ler nos libros.

A advertencia, que tiña un aquel de cordialidade, lembroume o meu desexo de coñecer a biblioteca e poder abrir o libro maldito. Des que chegaramos ao pazo, María non me falara del. Era coma se tivese medo a que alguén nos ouvise. Ese silencio tíñame un chisco preocupada e, con todo, eu non me atrevía a lle preguntar nada.

—Veña. Deixade aí as bolsas. Xa as levaremos despois ao voso cuarto. Agora imos ao comedor, que xa hai un bo cacho que teño a cea lista.

Á parte do salón, atravesamos outro cuarto enorme e chegamos a un comedor cunha mesa de oito pés sobre a que se suspendía unha enorme arañeira de cristal. Sentado na cabeceira estaba o amo e, a carón del, estaba a muller, que tiña o pelo recollido nun moño branco e parecía moito máis nova ca el.

Achegueime a eles e deille un bico primeiro á ama e despois intenteino co amo, pero este, que tiña a boca rebentada pola enfermidade, tocou o meu rostro coa súa man quente e non me deixou bicalo, cousa que agradecín fondamente porque os seus beizos estaban en carne viva e só con mirar para eles xa daba un aquel de noxo, canto máis se te bicaban. De calquera xeito, o amo agradeceu a miña intención.

—Así que ti es dos Pouso. Como te chamas?

—Irene, señor.

—Nunca estiveches no pazo?

—Dentro, non.

O amo falaba cunha voz lenta e dificultosa, coma se mastigase as palabras. Cando o facía, pechaba os ollos, supoño que pola dor de pronunciar con aqueles labios estragados. Tiña unhas grandes patillas, o pelo cano e unha bata que brillaba na mesma medida que os seus ollos afundidos no pozo negro das súas concas. Malia o seu aspecto, caeume simpático. Había algo nobre nel que a enfermidade non lograba borrar. Era un militar retirado. Xeneral, coido que me dixera María.

Aínda que este era un setembro quente, o lume ardía nas chemineas e a súa lingua candente facíase sentir no rostro.

A ama tiña os dedos entretecidos, coma se estivese a rezar. Miraba para min cunha triste tenrura. Talvez eu lle lembrase a súa falta de descendencia. Non sei por que, pero pensei que toda a súa amabilidade agachaba unha fonda frustración.

—Xa comezaches o colexio? —preguntoume.

—Si, hai uns días.

—Que tal con don Marcelino? —interesouse o amo.

—Ben.

—É un bo mestre.

Por unha das portas apareceu o tío de María, o señor Vicente. Era un home serio, alto, coa queixada pronunciada e as meixelas un pouco picadas polas vexigas. Apenas saía do pazo. Tiña a ollada durísima e non era moi falador. Os rapaces de Escarabote tíñanlle medo e eran poucos os que se atrevían a se achegar á horta do pazo para roubaren a froita.

—Ceamos?

Coma se non reparase na miña presenza, esa pregunta foi o seu único saúdo. Unha vez sentado, miroume de esguello e sentín todo o peso da súa ollada.

Sentada nunha cadeira entre o amo e María, por fronte da ama, esperei tesa, coas mans dispostas a cadanseu lado do prato, e axiña apareceu a señora Consuelo cunha sopeira de prata que fumegaba e deixaba un forte recendo no aire. Serviu primeiro aos amos e despois a nós.

Como mamá me dixera que me comportase, eu non lle quitaba os ollos a María e imitaba os seus xestos para comer. Estrañoume que ninguén sorbese a sopa, nin tan sequera o amo, e vinme na obriga de pegar da respiración cada vez que levaba unha cullerada á boca. Mesmo o pan e o pano de mesa había que os coller con delicadeza. A verdade é que estaba un pouco tensa, máis que polos amos, polo señor Vicente, que seguía a me mirar cuns ollos duros e fríos. O seu silencio era doloroso para min.

—Está moi rica, señora Consuelo.

A tía de María sorriu agradecida pola miña gabanza e encetou unha conversa coa ama sobre unhas compras que había que facer na vila.

María tamén estivo moi calada durante a cea e, só cando estabamos coa sobremesa, deu en falar co amo sobre as sereas, meténdome a min na conversa.

—Irene xa sabe algunha das lendas do pazo.

—Contoumas don Marcelino.

—E contouche a primeira? —preguntoume el.

—Cal?

—A do trobador de Lampón.

—Non —respondín. María tamén fixo un aceno de ignorancia coma se tampouco coñecese a lenda.

O señor Vicente, que non semellaba interesado nestas historias, ergueuse de súpeto e saíu do comedor. E mentres Consuelo e a ama recollían a mesa, o amo prendeu un cigarro que lle proía os beizos e comezou a falar coas súas palabras lentas e doridas.

—Hai moitos anos, alá polo século XV, vivía no pazo un conde coa súa muller e mais cun fillo, que era moi estimado nesta terra pola súa bondade coa xente e porque era unha especie de trobador de sona que, sendo mozo, chegara a actuar mesmo no casamento do rei Henrique IV con dona Xoana de Portugal.

—Que é un trobador?

—Eran poetas e músicos que facían cancións para o pobo e para os reis —díxome María, e eu pensei que ela tamén era, dalgún xeito, unha gran trobadora porque sabía ganduxar versos para os que inventaba músicas. A verdade é que nunca souben ao certo se esas cancións eran inventadas ou non, pero eu sospeitaba que eran produto do seu maxín.

—Pois ben —seguiu o amo—, este trobador chamado Froilán, quedou orfo nas segundas guerras irmandiñas. Sabes quen eran os irmandiños?

—Non.

—Os irmandiños eran os campesiños que se xuntaron para loitar contra os señores dos pazos que abusaban deles e do seu traballo —díxome María, e a súa resposta deuna por boa o amo, que seguiu coa historia:

—Apagadas as loitas irmandiñas, co título herdado do pai, decidiu abandonar a súa vida itinerante para se facer cargo do pazo, que fora estragado polos ataques. Para reconstruílo, mandou vir a un mestre canteiro que mesmo traballara na catedral compostelá, e seguiu a compoñer cantigas que seica outros cantaban no camiño de Santiago. Un día que paseaba preto do embarcadoiro, seguramente mentres trataba de atopar algunha palabra para unha das súas composicións, escoitou un forte batuxar nas augas, moi preto da beira. Como xa anoitecía apenas puido ver un vulto grande afundíndose no fondo do Lago do Mar. De primeiras, pensou que ese golpe na auga precisaba de moito corpo para ser un peixe e apostou a que sería un can ou mesmo un home que andaba a roubar nas dependencias do pazo e, diante da súa presenza, se botaba ás augas quedas do esteiro. Non era a primeira vez que os mozos o cruzaban a nado para repañaren a froita allea. Por iso, o conde Froilán, máis coñecido coma o trobador de Lampón, ficou un intre en silencio á espera de que o ladrón precisase de aire para respirar e asomase a súa cabeza na superficie acougada das augas. Mais non asomou nada e, na súa sensibilidade, o trobador tivo medo de que aquel home afogase nas augas.

—E afogou? —interrompín, pero o amo non semellou facerme caso porque aínda tardou en me responder.

—Despois daquilo, o señor conde quedou matinando no acontecido e deu en pasear todas as tardes polas beiras das augas porque tiña a sospeita de que en calquera momento podería aparecer o corpo do afogado.

—E apareceu? —agora a teimosía da pregunta era de María.

—Ben, o que apareceu máis adiante non foi precisamente o corpo do morto. Seica outra tarde, o conde ía dacabalo polas beiras do Lago do Mar e viu unha sombra humana sobre un penedo. O amo do pazo pegou das rendas do cabalo e engruñou os ollos para tratar de distinguir a identidade daquela presenza. Fixouse ben e o sol por un momento prendeu nos cabelos do que parecía unha muller espida. Ficou parvo, sen poder recoñecela. Como el era unha persoa educada, axitou as rendas do cabalo e fixo que miraba para outra parte. Non quería que a muller espida se espantase e pensase que el estaba a espreitar a súa intimidade. Mais cando o cabalo piafou, o trobador apenas puido ver como o corpo e aqueles cabelos de ouro se mergullaban nas augas cun batuxar súbito. E malia que se achegou até o penedo onde ela se pousara e cravou os ollos nas augas na procura do corpo, non logrou ver nada. Estivo un bo anaco asexando o Pozo Negro e alí non se notaba ningún movemento, polo que volveu ao pazo, conmovido por aquela fermosa imaxe da que seguramente tirou algunha composición. E preparou un plan.

—Que plan? —preguntou María, que estaba tan interesada coma min no desenvolvemento desta historia.

—O conde quedou engaiolado daquela misteriosa muller. Sospeitaba que, se non morrera afogada, había volver axiña a aquel penedo. Así xuntou a varios criados, que fixeron rolda para vixiar por tras dun enorme carballo que había preto da rocha. E ían pasando os días e con eles ía morrendo a esperanza dunha volta, cando, de súpeto, unha mañá luminosa de sol alto e intenso ceo azul, xurdiu das augas aquel fermoso cabelo louro que se arrastrou até o penedo; alí deitou o seu corpo espido para se secar cos raios do sol. Un pouco asustados pola visión, pero tamén temerosos das ordes do señor conde, os dous criados que se agachaban por tras do carballo, colleron o tabardo e abalanzáronse sobre ela, que, ao principio, case se lles escapa porque lles deu unhas cantas trabadas nos brazos e nas mans e tamén porque a súa pel era esvaradía e escamuda coma a dun peixe. Si, coma un peixe!

—Que di? —alarmouse María.

—Si. Cando a tiñan ben amarrada, os criados repararon na fermosura do rostro anoxado e decatáronse con abraio de que no canto de pernas tiña o rabo dun peixe, que serpeaba con violencia.

—Era unha serea! —exclamei con certa euforia, coma se viñese de descubrir algo que xa era unha evidencia para todos.

—Si, aínda que eles non o sabían. Levárona ao interior do pazo e o trobador namorou axiña da súa fermosura. Quixo falar con ela, mais ela non semellaba coñecer lingua humana. Só emitía uns pequenos ruídos animais, coma laiándose da súa reclusión. Seica tiña os ollos dun azul intenso e a cara era tan perfecta que asustaba a súa fermosura. O conde ordenoulles aos criados que non contasen nada do visto nin da estraña inquilina do pazo, e mandou facerlle roupa axeitada e á medida. Así mesmo, eses días os criados houberon de pescar duro no Lago do Mar porque ela só comía peixe cru. Da carne non probaba bocado.

O amo bebeu un pouco de viño para humedecer os labios e a voz, e, antes de o esmagar nun cinseiro de prata, deulle a última calada ao cigarro.

—O conde seica pasaba á par dela horas e horas cantándolle as súas trobadas e mirando de que aprendese o idioma, mais ela non falaba, aínda que semellaba entender os versos porque xa non se laiaba coma ao principio con aqueles ruídos animais e misteriosos. Ao final, a serea namorou do trobador, e como acontece neste casos de amor con humanos, perdeu o rabo dun día para outro e o conde fíxoa bautizar como Mariña, que era o nome que mellor lle acaía, e casou con ela. O que non conseguía de ningunha maneira era que ela falase. Semellaba muda.

—E nunca falou? —preguntou María, que, coma min, tiña os cóbados cravados na madeira da mesa.

—Ben, ao cabo dalgún tempo naceulle un fillo á serea, ou a Mariña, e ela semellaba máis contenta que nada. Paseaba con el e aloumiñábao con tenrura, mais non lle podía dicir esas expresións agarimosas que as nais lles adoitan dicir aos seus nenos. O conde levaba mal que a súa muller non lle puidese falar ao neno e percorreu todos os médicos de Compostela na procura dunha cura que non chegaba. Mesmo o bruxo de Taragoña lle deu algún remedio de plantas contra o mal das palabras e non fixo efecto. Foi precisamente un menciñeiro de Cures o que lle deu unha idea, de primeiras, absurda, pero que traería bos resultados.

O amo fixo outra parada para beber e reparei ben nos ollos grandes de María. Parecía que se lle ían saír das órbitas. Estaba tan atenta que pensei que quizais nesta historia ela estaba a descifrar algún misterio das outras lendas. Por iso non se contivo para facer a pregunta.

—Cal foi a idea?

—Foi na véspera de San Xoán. A veciñanza toda acudira ao pazo para celebrar a festa tradicional no patio. Até hai poucos anos víñase facendo sempre. Era costume convidar a sardiñas e viño a todos os habitantes da aldea. O conde mandara vir uns músicos para que can-

tasen fermosas melodías e a xente bailase. Cando apareceu dona Mariña, a súa fermosura arrastrou todas as olladas e todos repararon en que tamén traía o neno no colo. Non deixaba de lle dar bicos na súa cariña branca. E estivo así, dándolle mecos toda a velada, compartindo a festa con outros veciños que, máis animados polo viño que pola intención de espantaren os meigallos, brincaban sobre o lume e berraban de ledicia. O conde foi abeirándose a ela para poñer en práctica a idea do menciñeiro de Cures e, xusto cando os músicos fixeron un alto, arrincoulle dos brazos o neno e fixo o amago de o guindar ao lume. A súa muller tivo unha reacción súbita, de terror, e da súa boca saíu, envolta nun aturuxo, a palabra fillo. Case deseguido, trousou un anaco de carne, quizais polo esforzo, e dende entón ela puido falar de carreira. A festa seguiu e ao fillo puxéronlle Xohán.

—Fermosa historia —afirmou María.

—Non tan fermosa porque o neno medrou e un día, sendo aínda un mozo de dezaoito anos, disque afogou no Lago do Mar xunta a unha moza que dona Mariña non lle quería porque, aínda que era fermosa, era filla de mariñeiros. Diante da traxedia, dona Mariña perdeu a voz de novo e agardou un tempo a que o corpo do fillo aparecese, pero como isto non aconteceu e só apareceu o da moza, ela volveu ás augas das que proviña e tamén desapareceu no Pozo Negro.

A verdade é que era unha lenda realmente interesante e a súa traxedia semellaba maior na voz traballosa do amo. María quedou como apampada, coa boca aberta e a ollada perdida nalgún pensamento. Deume a impresión de que non escoitou a miña voz cando lle preguntei ao amo por esa outra historia de amor imposible que protagonizaran Mariño de Abanqueiro e mais a filla dos antigos amos, unha historia tamén semellante a esta que el viña de nos contar.

—Nós non somos dos Mariño —explicou o amo—. Eu merquei o pazo hai uns anos. E é certo que, cando o fixen, os herdeiros tiñan moita urxencia por se desfaceren del. E si, algo me contaron das traxedias sucesivas que aconteceron no Lago do Mar, en concreto, dese Mariño de Abanqueiro que foi rexeitado polos donos deste pazo. E o curioso é que, aínda que aconteceu non hai tanto tempo, sábese menos desta historia que da que vos veño de contar, e sabedes por que? Porque a outra foi escrita e esta última, que eu saiba, non. Esta só se fixou na memoria da xente, memoria que adoita ser fráxil e, ás veces, mentireira.

María seguía nunha especie de transo, ensimesmada, e tampouco semellaba reparar en que a ama viña buscar o amo e lle daba una especie de xarope que el bebeu con cara de noxo. Despois axudouno a se erguer e o pobre, cando xa estaba de pé, acariñoume o rostro coa súa man quente que desprendía un forte olor a tabaco.

—Irene, só son contos.

—Que, xa lles estiveches a meter fantasías na cabeza! —reprochoulle a ama cunha voz amable e conciliadora.

—Espero que che guste o pazo. Boas noites.

—Boas noites e grazas pola historia.

Os amos marcharon e quedei a soas con María, que agora apoiaba a cabeza sobre a palma da man dereita e miraba con intensidade un cadro con motivos de caza. A súa actitude pensativa creou en min certo desacougo. Nunca a vira así, nin tan sequera cando enfiaba versos no aire. Por riba, eu non entendía o seu silencio e esa especie de desconfianza que tiña co amo. Por que non lle dicía nada do libro maldito nin da voz adoecida? O amo talvez nos puidese axudar a desentrañar ese misterio. Por fin, armándome de valor e para a sacar dese estado distraído, pregunteillo. Ela mirou de súpeto para min e puxo o dedo índice nos beizos, antes de me falar con voz apenas inaudible.

—Está calada. Se cadra todas estas lendas sexan historias verdadeiras. Creo que estamos a facer unha gran descuberta.

A descuberta estaríaa a facer ela, porque eu non me decataba deses avances e seguía sen comprender o seu sixilo e esa teima de manter o amo afastado da historia do libro maldito.

—Sígueme. Vamos á biblioteca.

Como imantada por unha poderosa atracción, fun tras dela e tras dese desexo que fora medrando minuto a minuto dende que María me contara a historia do libro. Agora por fin podería velo cos meus propios ollos, ou iso é o que eu pensaba.

O libro maldito

Percorremos o longuísimo corredor e chegamos a unha escaleira de pedra que nos levou ao andar de arriba, onde estaba o noso amplo cuarto. Alí, enriba das camas, deixamos as mudas e apenas me puiden asomar á fiestra para ver a néboa pousándose por riba das árbores porque María turrou de min e me levou case polo aire atravesando os corredores, agora mal iluminados, até batermos nunha enorme porta de madeira maciza.

—Esta é a biblioteca. Pasa.

Entrei canda ela co peito encollido, coma se estivese a profanar un lugar secreto, asustada pola caricia do silencio húmido e da escuridade reinante. Menos mal que María prendeu axiña unha lámpada que, aínda que non todo, si matou parte do medo. En todas as paredes había vitrinas con estantes ateigados de libros. Mesmo por riba da porta colocaran unha morea de exemplares brancos. Había unha escada para coller os volumes máis altos e no centro estaba unha enorme mesa de madeira cunha esfera e varios atrís. Botei unha ollada inquisitiva e axiña quixen saber cal era o libro que provocaba aquela voz, pero María ordenoume sentar mentres collía unha pluma e un papel e os puña diante de min.

—Escoita ben. Imos atar ben os cabos. Ti apunta o que eu che diga.

Non entendía que me quería dicir exactamente. Se cadra ela estivese durante toda a cea a preparar esta estratexia. Non o sei. O caso é que subiu na escada e colleu un libro grande que puxo por riba da mesa. Eu fiquei de pedra, paralizada, sen saber que facer, coma se o frío e o medo me conxelasen nesa posición de abraio. Tiña as mans aterecidas e un arrepío subiu polas miñas costas cando vin como María abría o libro e pasaba con rapidez as páxinas. O curioso é que ela non lía en alto. Facíao para si e eu notaba como o meu corazón batía nas paredes do meu peito, xa que estaba á espera de que a voz xurdise da escuridade. Mesmo estudei o silencio e crin ouvir algo moi lonxe, coma un murmurio semellante ao do vento, pero o único que escoitei foi o entusiasmo insólito de María que, despois de se deter nunha páxina en concreto, faloume cravándome uns ollos desorbitados.

—Escoita ben. Henrique IV, rei de Castela. En 1440 casou con Branca de Navarra e en 1455 con Xoana de Portugal, si, en 1455! Entendes?

—Non, non entendo.

—Non entendes? Apunta esa data: 1-4-5-5.

Anotei os números coa miña caligrafía nerviosa e mirei para ela de novo, que agora non pousaba os ollos no libro, senón no teito de madeira, como se alí, nos nervios das trabes, houbese unha mensaxe cifrada.

—Son moitas coincidencias! O amo dixo que o trobador de Lampón estivo actuando nesa voda sendo mozo. Poñamos que tería uns dezaoito anos. Polo tanto, nacería máis ou menos alá polo ano 1437. Anota iso: Froilán, 1-4-3-7.

A euforia de María chocaba de fronte coa miña incomprensión. Eu seguía escribindo sen saber para que servía aquilo e non escoitaba máis voz que a da miña amiga poeta que agora paraba noutra páxina do libro.

—Segundas guerras irmandiñas: 1467. Anota esa data, que foi cando debeu de quedar orfo Froilán. Segundo o amo, os pais do trobador morreron nesas revoltas, que foi tamén cando o pazo debeu de sufrir maiores estragos. Anos despois figura nalgún documento a reconstrución da torre por un tal Domingo de Andrade. E debeuna de encargar o conde Froilán.

—Ese que estás a ler non é o libro...

—Non. É unha enciclopedia. Tes que agardar un intre, Irene. Estamos moi preto dunha gran descuberta. Non te decatas?

—Non moito.

Saber que ese libro que ela tiña entre as mans non era o libro que provocaba as voces deume certo acougo e mirei de me concentrar no que me estaba intentando dicir María.

—Froilán debeu de casar en 1468 con dona Mariña.

—A serea?

—Si. Anota iso. Voda de Froilán e dona Mariña: 1468.

—E que? —preguntei. Aínda non sabía a onde quería chegar.

—Puideron ter o fillo ao ano seguinte. Non si?

—Se cadra.

—E como se chamaba o neno?

—Xohán —contestei.

—Escribe. Xohán: 1-4-6-9. Que, tampouco caes agora da burra?

—Non.

—Sabes restar?

—Pois claro —respondín, orgullosa.

—Cristovo Colón descubriu América en 1492. Escribe 1-4-9-2 e réstalle o ano de nacemento de Xohán, 1-4-6-9. Canto che dá?

—Vinte e tres.

—Perfecto. Unha boa idade para un navegante. Velaí o tes. Todo cadra.

De súpeto, entendín o camiño da súa intuición. Estaba a me insinuar que ese Xohán do Lago, ese navegante que andara canda Colón na descuberta de novos mundos, era en realidade o fillo de dona Mariña e mais do trobador de Lampón. Non, non podía ser, e un pensamento lúcido atravesouse na miña cabeza para destruír esta hipótese.

—Ese Xohán non pode ser a mesma persoa. O fillo de dona Mariña e mais do trobador de Lampón morrera afogado canda aquela moza que non lle querían.

—Si, iso é o que está escrito e o que deberon de pensar todos. Pero o corpo del non aparecera. Certo? E o achado do libro bota unha nova luz sobre o asunto. Sospeito que cando volveu coa serea da Illa das Mulleres, como xa morrera o seu pai, Froilán, a Xohán do Lago non lle debeu de custar moito facerse co pazo. Con certeza a expedición teríalle dado cartos e ouro dabondo para mercar varios pazos.

—Estás a me dicir que mercou o pazo que xa lle pertencía?

—Si, pono no diario. Antes ca el, mercárao unha familia de León.

—Iso é absurdo! Non ten sentido!

—Quizais o sentido o atopemos no libro. O misterio está en saber cales foron os motivos polos que volveu e polos que debeu de finxir ser outra persoa facéndose chamar, precisamente, Xohán do Lago. Olla ben, Xohán do Lago!

María tiña razón e eu comezaba a comprender a súa euforia porque ela viña de xuntar varias pezas dun crebacabezas e estaba a reconstruír a árbore xenealóxica dunha familia e dun século afastado no tempo. Visto así tiña o seu mérito e a historia tiña sentido. Mais eu seguía sen entender o seu silencio diante do amo. Se cadra fose un chisco de egoísmo ou de vaidade o que non lle deixaba compartir o éxito das súas pescudas. Ou tamén podía ser que o amo non dese creto ou que quixese o libro para si.

María colleu o papel no que eu escribira aquelas datas e seguiu cavilando mentres eu me achegaba a unha das fiestras e vía como a néboa esvaecía as árbores e lle daba un aire de irrealidade a todo. Pensei na vidreira de abaixo, no rostro daquela serea que tanto se parecía a María e quixen lembrar a inscrición latina, pero non fun quen. Non me deixaba de inquietar o feito de que fosen tan cuspidas; era algo milagroso, xa que aquela serea levaba séculos alí e a relación de María co pazo non era de sangue; simplemente era a sobriña dunha criada que, por sorte, ía ser a herdeira da fortaleza. E o estraño é que ninguén no pazo reparase nesa semellanza tan evidente. Quizais fose produto da miña imaxinación. O caso é que non lle dixen nada á miña amiga poeta, que agora se erguía e se me achegaba devagar pondo unha ollada soñadora, coma se estivese a albiscar algún horizonte que eu non vía.

—Sospeito que ese Xohán do Lago desapareceu despois de saber que a súa namorada, diante do rexeitamento de dona Mariña, se suicidara no Pozo Negro. Iso nunca llo debeu perdoar á súa nai. O que non logro adiviñar é por que volveu ao cabo duns anos, cando os seus pais xa morreran.

—Non sei. Ao mellor lembrábase da traxedia da súa namorada e quería estar preto do lago.

—Se cadra teñas razón, Irene. Ese lago ten algo fatal que atrae. Temos que sabelo. Seguro que me queres axudar?

Á súa pregunta respondinlle cun aceno afirmativo. Axiña souben a que se refería. E aínda que eu estaba morta de medo, devecía por ver aquel libro e saber como seguía a historia de Xohán do Lago despois de mercar o pazo e chegar con aquela muller que non perdera o rabo de peixe. A esa curiosidade engadíase agora a de saber con certeza se ese Xohán do Lago era o fillo do trobador de Lampón e mais de dona Mariña, aquela outra serea convertida en muller. Supoño que a María a asaltaban os mesmos desexos.

—Son a néboa, soa o vento, son a noite da xeada.

—Déixate de poesías, María.

—Tes medo?

—Un pouco.

María quedou un intre a mirar como a noite era absorbida pola néboa, e díxome:

—Se cadra foi un erro o de vires. Nunca debín dicircho. Es moi noviña.

—Veña. Estou preparada.

—De acordo.

María colleu a escada e subiu a ela para alcanzar un libro dos estantes máis altos. Un involuntario calafrío percorreume o corpo todo cando vin o coidado co que ela depositaba o exemplar negro enriba da mesa. Unha pregunta feroz xurdiu dentro de min con violenta curiosidade.

—É o libro?

—Si.

María arrimou a lámpada para ler e, xusto cando o reloxo de parede daba as once, meteume un susto do demo porque pensei que xa se desataran as voces misteriosas. Pero o libro aínda estaba pechado. Non eran moitas páxinas e tiña un anaco de papel introducido cara ao final. Non lle debía de faltar moito para rematar a lectura. Agora María acariñaba o canto con suavidade e parecía coma se estivese a xogar coa miña impaciencia.

—Temos que pensar como facemos. Eu son a que ten que ler porque a letra está escrita á man e non é doada a súa lectura. Require certo esforzo para o que ti non estás preparada.

—Daquela, eu que fago?

A miña pregunta arrastraba o temor de ter que perseguir a voz. Era unha encomenda que me producía un terror consciente, pero tamén era para min un mudo desafío. Esta era unha boa oportunidade para demostrar que eu xa non era unha nena e que podía facer unha tarefa de adultos.

—Ti abre a fiestra e os ouvidos para ver se detectas a procedencia.

María tamén parecía estar nerviosa. Algo tremía na súa voz e iso puña medras na miña inquietude. Por fin abriu o libro e o primeiro que crin ouvir foi o vertixinoso latexar do meu sangue; despois un silencio pesado e frío que semellaba parar o tempo. María lía sen erguer a ollada e eu abría a fiestra e sentía o alento frío da noite. Por un intre pensei que a miña presenza rachaba o maleficio xa que non ouvía outros ruídos que non fosen propios de calquera noite. E mesmo sentín unha especie de orgullo cando despois de seis ou sete minutos todo seguía igual e María avanzaba e devoraba as páxinas do libro cunha furiosa impaciencia. Non obstante, iso durou pouco porque axiña bateu en min un xordo sobresalto cando escoitei o murmurio afastado, máis que dunha voz, dun laio. Era un lamento gutural, dorido, cavernoso, que semellaba vir de moi lonxe, coma dun pozo. Agucei ben o ouvido e, sen estar certa de todo, xuraría que procedía do Lago do Mar. Era un laio composto por palabras que non lograba descifrar, coma pronunciadas nun estraño idioma. Eu puña todos os sentidos na dor xorda daquelas palabras inintelixibles que eran coma lóstregos que atronaban na noite, e nesa concentración case non me decato de que María, de súpeto, pechaba o libro e con el calaban as voces. A miña amiga poeta chamoume canda ela e acariñoume o rostro frío coa súa man conxelada.

—Ves como era certo.

—Coido que a voz vén do lago —dixen, cun entusiasmo estremecido.

—E entendes o que di?

—Non. Son palabras raras e seseantes. E ti, que liches?

—O noso protagonista chega ao pazo e fala de que pon a varias persoas ao seu servizo. A súa maior preocupación é a serea e o seu rabo de peixe, que non o dá perdido.

—Non o ama?

—Moi aguda, Irene, moi aguda. Efectivamente, sospeito que Xohán do Lago non debía de ser fisicamente moi agraciado e ela non podía perder o seu apéndice se non namoraba del. Nas páxinas que lin fala das súas coitas por non se sentir amado. Fala con menciñeiros e meigas que lle receitan herbas á serea para lle curar o seu mal de peixe e non conseguen nada. Canso de tantos remedios infrutuosos, Xohán do Lago prepara un cabalo e unha saqueta con ouro e ordena de viaxar a Compostela na procura dunha solución definitiva. Un amigo navegante aconséllalle que fale cun tal It de Valmaior, un bruxo de sona que vive na rúa das Carretas e que seica foi quen de executar a resurrección dunha moza na Ouriverìa. O tal It de Valmaior déixase convencer máis polo reto do caso que polo ouro, e acompáñao ao pazo de Goiáns, onde agarda a serea. Xohán do Lago conta como o bruxo precisa de varios días para preparar todo, e manda que lle traian un carro de herba namoradeira, mil restras de allos, o sangue dun año e o óso dun morto centenario. Seica houberon de esperar por unha lúa chea e It de Valmaior dispuxo que a deitasen sobre toda aquela morea de herba e allos, e fixéronlle beber á forza o sangue do año mesturado co po do óso.

María parou de falar e, ao seu silencio, eu arrimei axiña a pregunta.

—Que pasou?

Quedei aí, porque chega un momento en que xa non podo aturar máis a voz do lago e teño que pechar.

—Podemos facer unha cousa —dixen.

—Que?

—Mentres ti les, intento achegarme ao lago.

—Non! Iso non! De ningunha maneira! Hai pouca luz e pódeste perder. Esquéceo.

—Só me achego un pouco para escoitar ben o que di a voz. Máis nada. Despois volvo.

—Non, Irene. Teño medo por ti.

—Veña, podería coller un farol e ti les dende a fiestra para me veres. Estou segura de que se me achego un chisco ao lago poderei descifrar a voz e quizais rachemos o maleficio.

—Non sei, non sei. Pode ser perigoso.

—Veña, María, ti verasme dende a fiestra. Non hai problema —teimei e vencín a negativa que xa apenas se rexistraba nos seus ollos.

—Só se me prometes berrar se pasa algo.

—Si. Perde coidado.

—Está ben.

Non sei de onde me viña esa estraña forza, ese valor impropio para a miña idade. Era coma se unha vontade allea me solicitase, coma se na resolución deste misterio houbese un inmenso pracer, unha morbosa fascinación que superaba unha parte importante do medo. Se cadra mamá tivese razón cando me reprochaba que eu non pensaba ben as cousas que facía, que desprezaba os riscos e que por iso sempre andaba magoada. Non sei. O certo é que a miña cabeza fervía de excitación e inquietude e estaba decidida a afrontar o reto da noite.

—Abaixo hai un farol. Cólleo. Nos corredores hai luz. Saberás baixar?

—Si. E se me ven os amos ou os teus tíos, que lles digo?

—Dilles que che caeu un pano pola fiestra e que baixas por el. Toma, pon a chaqueta, que fóra vai fresco. E non te esquezas de berrar se pasa algo. Eu comezarei a ler cando te vexa dende a fiestra. Non vaias lonxe, por favor. Lembra que só precisamos saber de onde vén a voz e o que di.

—Está ben.

No rostro de María había unha expresión contraída. Eu percibía a gravidade oculta das súas palabras e comezaba a ter conciencia da miña actitude destemida.

O silencio do lago

Saín da biblioteca e axiña me vin no corredor mal iluminado por algunhas lámpadas distantes ou as brasas dalgún lume medio apagado. Guiei os meus pasos lentos pola longa alfombra e deixei atrás os ollos vivos de María, que pechaba a porta supoño que para coller o libro maldito e vixiarme dende a fiestra. Ía pisando con pés de manteiga para non facer ruído. O silencio era total, pero algo esperto había na noite que me desacougaba. Era coma se unha presenza oculta me espreitase dende algún recanto do pazo. Co estómago nun puño cheguei ao fondo do corredor e, cando me dispuña a baixar as escaleiras para o primeiro andar, unha voz severa rompeu na noite coma un martelo. Agacheime detrás dunha armadura e sentín o frío metálico no rostro. Era o señor Vicente que debía de estar a falar coa súa muller. Antes de el pechar a porta escoitei unha frase que fixo medrar aínda máis o medo que eu xa levaba enriba do lombo.

—Matámola mañá.

Matámola, si, non sabía nin a que nin a quen se refería aquela voz desagradable, pero o feito de que fose do xénero feminino foi o que máis me alarmou. Termei ben da respiración e baixei axiña os banzos de pedra até o primeiro andar. Alí víase menos e temín perderme. Houbo un intre no que estaba case en penumbra e batín contra algo de madeira. Era unha cadeira e, como fixen ruído, fiquei calada até que o silencio volveu ser o mesmo. Despois seguín avanzando amodo e cheguei a unha sala onde estaba o farol de aceite que me dixera María, e collino porque con el podería iluminar mellor os meus pasos. Malia dar unha luz débil e sucia, foi dabondo para reparar na vidreira onde estaba pintada a serea que tanto se parecía á miña amiga poeta. Sen saber moi ben por que, desta volta fixei ben na cabeza as palabras gravadas por baixo da coroa: *Veritas vincit*. Que significarían? Despois preguntaríallo a María.

Por fin cheguei á porta principal e abrina con certo esforzo porque a chave estaba botada e pesaba bastante. As follas da porta renxeron un pouco e espertaron a noite fresca. Os leóns sedentes que gardaban a entrada semellaban ter a boca máis aberta do que a tiñan horas antes, igual que a serea que agora durmía sentada sobre o seu rabo de pedra. Antes de entrar no carreiro que conducía ao lago mirei para arriba e, de primeiras, deume certo acougo ver a ten-

sión expresiva dos ollos de María saudándome dende a fiestra da biblioteca, pero despois fun consciente de que axiña ela daría en ler e as voces xurdirían de novo.

A lúa filtraba unha luz amortecida entre a néboa que lle daba ao bosque un veo de irrealidade. O farol erguía sombras ameazantes entre as árbores, figuras estremecidas que ía debuxando o meu medo. O silencio era agora unha especie de silencio vexetal que respiraba un alento húmido e desagradable. De súpeto, a voz cavernosa estoupou na noite coma unha presenza física e fíxome deter bruscamente e pensar na volta apurada ao pazo. Mais axiña me decatei de que esas palabras incomprensibles, que agora me chegaban con máis nitidez, eran as mesmas que antes escoitara dende a biblioteca xusto cando María dera en ler o libro. Unha angustia xorda tomou conta de min e estiven un bo anaco en silencio, aguzando o ouvido, sen ser quen de concretar exactamente esas palabras, que se repetían con dolorosa teimosía. Como atraída por unha forza magnética, ordenei de me achegar un pouco máis. No meu ánimo alentaba un desexo incerto ou talvez a cobiza de chegar até o final, fose o que fose. Era coma se a noite espertase o meu instinto animal e me empurrase cara ao lago onde nacía esa protesta de voces líquidas e ameazantes.

Mentres percorría o camiño coa curiosidade concentrada na voz e na respiración lenta e cada vez máis próxima do lago, escoitei, primeiro o grallar dunha curuxa no alto dunha árbore, e despois un ruído de herbas esmagadas por tras de min. Non fun quen de parar porque sentía na caluga a respiración axitada de alguén. O corazón agora si que latexaba furioso e o formigo que me subía polas costas era algo inaturable. Apurei o paso e, ao cabo duns vinte metros, virei a ollada e non vin nada máis que a néboa que ía borrando o camiño e o pazo. E cando xa estaba a piques de me convencer de que o que en realidade me perseguía era o meu propio medo, volvín sentir a respiración e virei de novo a ollada para ver aqueles dentes na noite que formaban, máis que unha ameaza, un sorriso. Era *Corme*, o can do pazo, que fixaba en min a súa ollada triste. Chameino con voz agarimosa e acudiu ao meu carón. Deixouse acariñar e animeino para que me acompañase ao lago, pero, en canto escoitaba aquela voz de ultratumba, o pobre recuaba e tremía coma unha vara verde. Estaba axotado e, pouco a pouco, mentres eu camiñaba, a súa silueta inmóbil foi quedando atrás, desaparecendo tamén na néboa. Eu avanzaba coma unha funámbula polo carreiro de terra, ligada á voz cada vez máis clara e seseante, unha voz altísima, semellante á desas carpideiras que adoitaban frecuentar os velorios para se alimentaren da dor allea. E cando xa case tiña anotadas as palabras na cabeza e vía unha luz enferma que varaba unha sucia penumbra sobre o peirao do lago, calou todo e o silencio alongouse polo bosque coma unha ameaza maior á das voces. E dei en correr cara ao pazo, sen ollar atrás, sentindo como o fresco da noite mordía na miña pel aterecida. Quería berrar pero unha prudencia fría non me deixaba porque me sentía asediada polo silencio agresivo e o recendo agreste do bosque. Ao meu paso atrapallado abríanse na néboa centos de figuras de sereas que se formaban na miña imaxinación arrepiada, e, todo aquel valor co que había un chisco eu me encamiñaba ao lago, esvaecérase polo silencio súbito que quedara despois de calar a voz. E cando xa o pazo xurdía entre a néboa e se vían os leóns sedentes custodiando a porta principal, tropecei con algo duro xusto á altura da serea de pedra e caín de fociños. O farol apagouse e comecei a sentir dor nunha perna. Tiña sangue no xeonllo, pero iso non era o que máis me preocupaba. A miña cavilación agora era a estraña sospeita de que fora o rabo da serea o que se interpuxera no meu camiño, si, coma se ese apéndice se alongase coma un músculo pétreo para cortar o meu avance. Menos mal que apareceu María, que baixara para me acudir. A súa presenza foi coma un aloumiño que me deu certo acougo.

—Que pasou?

Recuperado o alento, incorporeime e apoieime nela para volver ao pazo. Non sabía que lle contestar. Non quería recoñecer o meu medo e, sobre todo, que fora precisamente o silencio, aquel silencio hostil, o que máis terror me producira. E tampouco quería insinuarlle a posibilidade de que a serea de pedra fora a que me viña de poñer unha cambadela. Por iso improvisei unha resposta.

—Cando estaba xa no lago e escoitaba con claridade o que dicían as voces, fíxose silencio e vin os ollos como dun lobo agachados detrás dunha matogueira.

—Aquí non hai lobos. Seguro que foi *Corme*. Mira, aí vén —o can, oportuno, achegouse a nós; traía na ollada o mesmo pánico de había un pouco—. E, en canto ao do silencio, foi porque pechei o libro. Estaba preocupada por ti. Non quería que te achegases tanto ao lago. Veña, pasa.

Entramos no pazo e fomos á cociña. Alí, María lavoume a ferida con auga e cun pano branco que me atou no xeonllo. A cousa non era para tanto e, mentres volviamos polos corredores cara ao andar de arriba, notei que a dor ía pasando e só fora un pequeno susto.

A estratexia

Cando chegamos á biblioteca, o libro maldito, coma unha ameaza, estaba pechado sobre a mesa. A marca separadora indicaba que a María non lle debía de quedar moito por ler. A fiestra permanecía aberta e a néboa, coma algodón suspenso, rozaba as contras.

—Avanzaches moito? —preguntei.

—Si. Está interesantísimo. E ti, escoitaches ben a voz?

—Si. Procede do lago. A mágoa foi que debiches de pechar o libro cando xa estaba no peirao e non puiden distinguila con claridade. Son palabras estrañas que repiten con teimosía algo así coma fliusssss, fliusssss...

—Fliusssss? —preguntou María, pensativa.

—Si.

—Non sei que pode significar.

Sentei nunha cadeira e acheguei as miñas mans ao libro. O contacto suave do coiro produciume un tremor e animoume a facer unha pregunta que levaba un chisco nadando na miña cabeza.

—María, ti cres que será unha serea?

—Non sei. Todo isto é algo que me supera. O xeito máis seguro para non perdermos a razón axiña é pensar que todo é irreal, e que o seguirá sendo.

—Non te entendo.

—Pois que se fose unha serea, Irene, deberiamos aceptalo coma parte da realidade. Eu nunca crin nestas cousas, pero, cando abro o libro, esa voz sei que non é algo só da miña imaxinación.

—Podo abrilo?

—Si.

Abrín por fin aquel exemplar cun fondo instinto de profanación e acariñei a caligrafía destinxida das súas páxinas. Aínda que os riscos da letra eran claros, non me foi doada a súa lectura e non tardei en pechalo porque, despois dun murmurio manso, estouparon as voces adoecidas do lago e, curiosamente, agora mancáronme os ouvidos máis dende a distancia que cando estaba a piques de chegar ao embarcadoiro. Aquela sensación prendeu en min unha estratexia.

—Teño unha idea.

—Cal?

—Liches o libro dende fóra?

—Como dende fóra?

—Si, dende fóra do pazo.

—Non, non se me ocorreu.

María quedou pensativa, como avaliando o meu refinado cálculo e deu en camiñar pola biblioteca madurando a miña proposta. Ao cabo dun tempo, achegóuseme case até o alento e díxome no ouvido:

—Es moi aguda, Irene, certamente, moi aguda! Leremos o que falta no peirao! Que che parece?

—Agora?

—Si, aínda non é media noite. Atréveste?

—Se me atrevín a baixar soa ao lago non me vou atrever contigo?

A derrota da voz

Un novo entusiasmo tomou conta de min. Baixar de novo ao embarcadoiro impúñame certo respecto, pero os perigos e o medo eran moito menores coa compaña da miña amiga poeta. Ademais había algo atractivo nesa voz aparentemente cavernosa e terrorífica que xurdía das augas estancadas do Lago do Mar e anainaba a noite co seu murmurio clandestino.

—Colle o libro —ordenoume María e aperteino contra o peito, coma se fose un tesouro. Levalo facíame sentir poderosa, dona de algo importante.

Como María coñecía mellor o labirinto de cuartos e corredores, chegamos axiña á porta principal. Alí colleu de novo o farol de aceite e prendeuno cun misto.

—Que significa *Veritas vincit*? —preguntei, despois de mirar de esguello para a serea da vidreira. María, coma se non reparase nela e na semellanza, contestoume mentres saïamos do pazo.

—É unha frase latina que se traduce como ‘a verdade vence’.

Quedei matinando no significado e no silencio que seguiu á resposta porque María agora estaba máis concentrada na noite que na frase.

Os leóns sedentes seguían na mesma posición altiva, a serea de pedra durmía o seu soño eterno e a cortiza anciá dunha figueira xa non compuña a forma grandeira dun rostro. Todo estaba no seu sitio, mesmo o can, aproveitando que a voz misteriosa estaba recollida nas entrañas do lago, púxose á par nosa para nos acompañar.

A noite era silenciosa de máis e a néboa seguía habitando as sombras mentres María me resumía as páxinas que lera había un pouco, cando este traxecto o fixera eu soa. Con voz baixa, coma se temese que alguén entre as árbores nos puidese escoitar, contábame que Xohán do Lago quedara de primeiras un pouco frustrado despois de ver que todo aquel aparato ostentoso de que se valera o bruxo de Compostela non lograra tirarlle o rabo de peixe á serea. Pero días despois decatouse de que o feitizo de It de Valmaior dera resultado xa que a serea tivo bos ollos para o novo dono do pazo e, na sétima noite, despois dos esconxuros e do encantamento, amenceu na cama con dúas pernas de muller e un forte cheiro a peixe.

—Namorou del?

—Efectivamente.

—E que máis?

—Quedei aí. Faltan poucas páxinas.

Aínda que a noite seguía a nos ameazar co seu silencio vivo e a néboa cubría todo de pantasmas brancas, eu avanzaba sen medo, apegada a María coa mesma fidelidade canina que o facía *Corme*, co libro baixo do brazo e a firme decisión de lle facer fronte á voz do lago.

Cando estabamos chegando ao peirao, o repenicar das campás da igrexa marcou a media noite e María, coma se temese algún perigo inminente, puxo a súa man sobre a miña fronte e termou de min para que detivese o paso. Tiña as xemas dos dedos frías e virou un pouco a cabeza coma se quixese escoitar algo moi afastado. Mais non se ouvía nada e seguimos adiante até chegarmos ao peirao.

A marea estaba alta e o lago recibía unha luminosidade sucia, provocada pola escasa lúa que filtraba a masa de néboa. O silencio e mais aquela especie de la suspendida sobre a auga, seguía a compor unha imaxe onírica e irreal.

O can quedou de pé, nunha alerta xorda, e nós sentamos nos banzos de pedra que baixaban até a dorna estragada. Despois alcanceille o libro e peguei do farol para que María puidese ler. Ela tomou alento, regaloume a complicidade dun sorriso nervioso e, con voz lenta e pousada, comezou a ler as últimas páxinas do diario.

Como do lago non viña ningunha voz, sentinme requichada e fachendosa porque estaba certa de que, agora si, a miña proposta rachara o maleficio, e escoitaba, orgullosa, a prosa concisa e atrapallada de Xohán do Lago, que narraba polo miúdo os preparativos para a voda e como It de Valmaior quedara uns días no pazo para vixiar de preto o seu milagre.

Non obstante, cando a María xa só lle quedaban dúas ou tres páxinas para rematar o diario, no centro do lago escoitouse primeiro un golpe de auga e despois o murmurio seseante daquelas palabras misteriosas que lle fixeron erguer ao can un ladro afogado antes de que se escapulise coma un raio cara ao pazo. María tamén pareceu impresionarse coa proximidade da voz porque detivo a lectura e abriu os vagalumes dos seus ollos. Eu, curiosamente, só sentín un pequeno arrepío e despois unha sensación de acougo. Agora a voz era doce e suave, e soaba coma se alguén estivese a rosmar unha canción de berce. María, allea a aquela sonoridade de fondo que máis que asustar adormecía, volveu á lectura e, polas datas do diario, puidemos saber que Xohán do Lago deixou pasar dous anos en branco sen escribir e só o fixo cando se malogrou, polo visto, outro fillo. Era o segundo intento e as dúas criaturas seica morreran afogadas co propio cordón umbilical. O peor foi cando Xohán do Lago deu en sentir tremores e viu que a pel se lle abría coma folla seca e por baixo lle nacía outra escura e esvaradía, a xeito de escamas. O susto debeu de ser tan grande que Xohán do Lago axiña envía mandado para que vaian na procura do bruxo de Compostela.

A voz de María, que agora era veloz e soaba mesmo máis alta que o laio que pairaba polo lago, seguiu esmiuzando a historia e o momento no que It de Valmaior aparece de novo en Goiáns e estuda o caso do navegante, que está a virar en peixe, porque as pernas xa esfolaron todas e a pel é un entretecido de escamas que apenas o deixan camiñar. Asustado, Xohán do Lago recoñece o seu medo e escribe sobre a sospeita de que esta enfermidade lla debeu de transmitir a súa muller, que perdeu a condición de serea e agora é unha muller forte e con boa saúde, toda a que el tiña antes de a coñecer. Mais It de Valmaior esconxura unha noite sobre o leito do enfermo, practica feitizos e descobre que a condición de peixe do dono do pazo vénlle de vello, herdanza da súa nai, que tamén fora serea. E o pobre navegante, que foi dos primeiros en ver o Novo Mundo canda Cristovo Colón, escoita abraiado ao bruxo que lle asegura que os abortos se deberon precisamente a iso, a que a súa muller e mais el tiñan sangue de peixe. E xusto aí, na derradeira páxina, cando a voz do lago ergue o seu laio dun xeito abou-

xador coma se non quixese que seguísemos a ler, María dá conta das últimas palabras e sabemos que o navegante se sente traizoado dobremente, primeiro por non o teren deixado casar con aquela moza que se suicidara no Pozo Negro, e segundo por lle teren ocultado o pasado de serea da súa nai. E velaí como, cando María pronuncia a frase coa que Xohán do Lago remata o seu diario, o lamento da serea rebenta nun lóstrego antes de calar dun xeito definitivo e de que se escoite un forte golpe de auga no centro do lago, xusto no Pozo Negro. *Veritas vincit*, si, esas eran as palabras derradeiras do libro, si, a verdade debeu de vencer o navegante e tamén a aquela voz última que María recoñeceu mentres pechaba o libro.

—Filiusssssss! Filiusssssss!

—Que? —preguntei, alarmada por aquel novo silencio que se erguera sobre o lago unha vez rematado o libro.

—Filius! Iso era o que dicía a voz! Sabes o que significa?

—Non.

—Fillo! Fillo! É unha palabra latina.

Sen lograr descifrar o entusiasmo da miña amiga poeta, que me daba un bico e me felicitaba, se cadra porque eu descubrira aquelas palabras da vidreira que coincidían coas que pechaban o diario, pensei fondamente e sen éxito cara a onde levaba o significado daquela palabra. E agardei, apampada, pola súa explicación eufórica.

—Fillo! Si, ese laio debía de ser o de dona Mariña, a nai de Xohán do Lago, un remordemento que non a deixaba morrer de todo. Lembras a historia que esta noite nos contou o amo? Cando dona Mariña botou a falar na véspera de San Xoán despois de que o seu marido fixese aquel de guindar o fillo ao lume?

—Si.

—E que berrou? Cal foi a primeira palabra que ela pronunciou?

—Fillo.

María abría e pechaba o libro para certificar que aquela voz morrera para sempre e eu non sabía se o resultado se producira por termos rematado a lectura do diario ou, simplemente, por pronunciar aquelas dúas palabras latinas que figuraban na vidreira do pazo e que podían ter acabado co maleficio.

—O diario era o único que quedaba vivo do fillo e por iso, ao lermos, estabamos a espertar a voz arrepentida da súa nai que, finalmente, morreu esmagada pola verdade.

María chegaba a conclusións que eu nunca tivera cavilado, pero a miña imaxinación tamén traballaba a reo e pensei para min que o feito da semellanza da serea da vidreira coa miña amiga non era algo casual. Dentro de min nacía a sospeita de que María Mariño fora predestinada polo seu apelido para pechar aquela historia de sereas, como tamén Xohán do Lago herdara o sangue de peixe e mais a sensibilidade e a condición trobadora do pai, aquel Froilán que tanta sona tivera no seu tempo e que mesmo actuara para reis.

Exhaustas e esgotadas, coma se todo o peso da noite caese sobre nós, abandonamos o Lago do Mar e volvemos amodo ao pazo, eu sobando con liberdade aquel libro de coiro e María, feliz nas súas deducións e na reconstrución histórica desas primeiras familias que habitaron o pazo, tan abraiada coma min pola aventura imposible que viñamos de vivir. Afeitas como estabamos a ver que a realidade era máis forte que os soños e a imaxinación, sentiámonos donas do mundo e chegamos ao noso cuarto e caemos rendidas sobre cadansúa cama, esquecendo o misterio da voz do lago que agora xa semellaba unha lembranza afastada no tempo.

Un cadáver na néboa

Aquel domingo de setembro amenceu soleado e cun inaturable cheiro a peixe. Ao principio pensei que ese fedor proviña do meu soño, porque fora unha noite ateigada de pesadelos nos que fadas lavandeiras e sereas non deixaban de se mirar en espellos concéntricos. Mesmo pensei na posibilidade de que o cheiro viñese de noite connosco e quedase preso no cuarto, pero, en canto abrimos a fiestra, bateunos aínda con máis forza ese alento podre que proviña do Lago do Mar. Tamén nos chamou poderosamente a atención a branca luminosidade que, logo dunha noite borrada pola néboa, deixaba agora un ceo azul que facía rebentar de cores aquela ringleira simétrica de árbores que, coma un exército disciplinado, baixaba á desembocadura do río Coroño. Voaban altos os paxaros e o mar rosmaba por detrás das dunas coma unha presenza durmida. En situacións normais, este día tan claro e limpo podería parecer un milagre, pero despois do que acontecera coa voz do lago e coa lectura do libro, todo se ofrecía coma algo posible, mesmo natural.

María e mais eu lavámonos en silencio. Resultaba incrible que unha noite tan fantástica non desembocase nun entusiasmo de conversas desatadas, e é que o pouso irreal que aquela experiencia deixara dentro de nós era algo tan impresionante que non se podía tocar coas palabras. Non sei os efectos que tivo na personalidade de María; en min si sei que se produciu unha medra de anos.

Baixamos a almorzar. Desta volta non o fixemos no comedor senón na cociña. Alí, mentres o señor Vicente estaba a matar unha galiña, lembrei a conversa que eu escoitara furtivamente de noite, cando el lle dicía aquelas inquietantes palabras á súa muller: matámola mañá. A pesar da crueza da imaxe da galiña degolada, deume certo acougo saber que o mordomo non era o asasino que eu pensara.

—Que tal pasastes a noite? —preguntounos a tía de María e eu respondín polas dúas.

—Ben. Durmimos coma leiróns.

—Isto non hai quen o ature! —dixo o señor Vicente. Pola cara de noxo que puxo soubemos que se refería ao cheiro que entraba por todas as partes coma unha ameaza certa.

—Eu non lembro cousa igual! —exclamou a señora Consuelo xusto cando se escoitou ao lonxe, cunha entoación de urxencia, a voz dun

home que chamaba por ela e mais polo señor Vicente. O matrimonio abandonou axiña a cociña e deixáronnos soas.

Cando rematamos de almorzar baixamos a dar un paseo. A mañá estaba espléndida e o sol acendía o verde que rodeaba o pazo con aquelas torres vexetais que viñeran doutros continentes. Acariñei a cabeza dos leóns sedentes, o rostro da serea de pedra, mesmo a boca que se formaba coa cortiza seca da figueira, e fun inventariando todas as sombras que a noite vestira de néboa. Naquela sensación de pertenza, sen nos dicirmos nada, María e mais eu deixámonos levar por algo, quizais unha nova intuición, e fomos remontando os pasos que nos conducían ao lago. E xusto cando estabamos a piques de chegar ao embarcadoiro de pedra, sentimos un rebulicio de xente e o primeiro que vimos foi á señora Consuelo, que viña correndo co nariz tapado, persignándose atrapalladamente. Choraba e non parecía reparar en nada porque, despois de se cruzar connosco, non deixou máis que un rastro confuso de rezos.

Seguimos avanzando, agora levadas por unha voluptuosa curiosidade, facéndolle fronte a aquel fedor que furaba as ventas do nariz coma se fose un coitelo aguzado, e comprobamos que no peirao varios homes se amoreaban ao redor de algo. Botamos a man ao nariz, porque se facía difícil respirar, e achegámonos para ver que pasaba. Cando vimos o abandono frío daquel cadáver, as algas sobre a súa brutalidade espida e a fermosura amarga daquel corpo esbrancuxado, as dúas mirámonos, de súpeto, para confirmar a dolorosa lucidez do noso incrible presaxio. E non dixemos nada. Gardamos un silencio culpable e deixamos que os homes especulasen coa posible identidade daquela muller morta que só parecía ter unha perna.

—Debéronlla de comer os peixes —dixo un dos homes máis vellos, que fora mariñeiro e tiña a ollada desolada por aquela visión extraordinaria.

María e mais eu, con grave abraio, contemplamos o sinistro letargo daquela morta que aparecera no lago e que tiña na boca un aceno que expresaba un desexo de perdón. E quedei coas ganas de pronunciar o seu nome en voz alta, pero ninguén me crería se dixese que aquel corpo ben conservado era en realidade o corpo dunha muller de case cinco séculos. Si, as dúas estabamos certas de que era dona Mariña, a nai de Xohán do Lago, aquela serea que namorara do conde Froilán, o trobador de Lampón, aquela muller que lle ocultara ao seu fillo a condición de peixe, si, ela que, coa dor como parte do seu ser, era a voz do lago, ese laio que de noite derrotaramos coa verdade das palabras.

Bolboretas no vento

Nos anos que seguiron a aquela fin de semana que gardo no encerado vivo da memoria, seguín véndome con María, reafirmando a nosa amizade e a paixón malabar polos versos, e o curioso é que ningunha das dúas volveu nomear a nosa insólita descuberta. Parecía coma se ese segredo fose algo que as dúas deberiamos levar ao outro mundo porque ninguén nos crería. En ningunha das cartas que conservo ela fai referencia á voz do lago nin ás sereas; só hai un pequeno rastro nunha das súas poesías e na fermosa dedicatoria que me escribiu no seu único libro publicado co título *Palabra no tempo*: "Para a miña grande amiga, que soubo escoitar a alma do lago". Sospeito que nese silencio había un tácito entendemento, unha alianza que se impuña por riba da nosa vontade. Houbo algo así coma unha comprensión do abismo, un estraño equilibro que nos axudou a salvar o reto daquela especie de ilusión compartida que podería volver tolo a calquera. E aínda que as circunstancias da vida nos afastaron fisicamente, a voz do lago, e a reconstrución de todos eses destinos fantásticos que aconteceron no pazo e no Lago do Mar, provocou en nós un vínculo moito máis forte que a propia amizade.

Hoxe, días despois da morte de María, no leceroso esplendor desta primavera chuviosa, dende esta fiestra aberta ao mar, leo na paisaxe todos os cambios e vexo como a cicatriz da estrada borra as dunas e un bo anaco de praia, e deixa nacer á súa beira casas soltas sen vocación de mar. Con todo, sobre as árbores xigantescas aínda se ergue, providencial, a torre de Goiáns, á beira do Lago do Mar, onde o único cadáver que queda é o dun barco vello que exhibe a súa osamenta de madeira nas beiras do Coroño.

Axudada polo murmurio da chuvia, abandónome á inspiración nesta mesa sobre a que estendín todas as cartas que María me enviaba dende O Courel, ese paraíso que a abraiaba de fermosura, mais tamén de soidade e dunha tristura doce, como ela dicía. Observo tamén o recorte de prensa que eu lle furtara a don Marcelino unha mañá á saída da escola. A noticia está datada o 25 de setembro de 1927 e nela dáse conta da aparición no Pozo Negro dunha morta mutilada e de identidade descoñecida. Teño tamén unha foto de María con aquel seu meniño que mesmo cheguei a

coñecer pouco antes de que morrese traxicamente e a afundise nunha terrible depresión. Mais o tesouro que mellor gardo é o produto dun furto que María fixo para min e me entregou aquel domingo no que o pazo abriu as súas portas, non só aos gardas civís, senón tamén a todos os curiosos que se quixeron achegar ao embarcadoiro para ver a morta dunha soa perna. O tesouro que María me entregou aquel domingo viña envolto nun pano branco e non era outro que o diario daquel navegante chamado Xohán do Lago, o libro que espertaba a voz do lago e que algún día terei que poñer en mans competentes para que o publiquen ou o garden nun lugar conveniente para a súa conservación. E aínda que os meus pais non terían alcanzado a valorar a importancia deste incunable, eu tíveno sempre agachado e nunca llo amosei a ninguén. Só, ás veces, cando veño a Escarabote e me achego a esta fiestra, ábroo coa esperanza de que naza no Lago do Mar aquel laio estremecido. Pero o único que xorde é un silencio propicio para coser palabras e apañar bolboretas no vento.

Índice

Antón Riveiro Coello naceu en Xinzo de Limia, Ourense, no ano 1964. Cursou estudos de Dereito na Universidade de Santiago e actualmente traballa na administración autonómica. Riveiro Coello é un dos narradores máis premiados dos xurdidos na literatura galega durante a pasada década. Ademais dun gran número de relatos en libros colectivos e revistas literarias, ten publicadas as novelas *Valquiria* (1993, premio Camilo José Cela), *A historia de Chicho Antela* (1997), *A quinta de Saler* (1999), coa que foi finalista do premio Torrente Ballester, así como as recompilacións de relatos *Parque Central* (1996) e *Airadas de palabras* (1998), onde se recollen os contos que lle foron premiados nos certames Manuel Murguía e Modesto R. Figueiredo entre os anos 1991 e 1997. Con *Animalia* (2000) obtivo o premio Café Dublín correspondente a 1999. *As rulas de Bakunin* recibiu o premio García Barros en 2000, ano en que tamén logrou o Álvaro Cunqueiro de Narrativa con *Homónima*. Agora Riveiro Coello adéntrase na creación literaria para os lectores máis novos con esta novela, *A voz do lago*, na que, coa habelencia para contar boas historias á que nos ten afeitos, relata un momento da vida da poeta galega María Mariño, construíndo un tecido de fíos cruzados onde fantasía e realidade se confunden dando lugar á experiencia artística dunha novela excelente.